Bibliografische Information der Deutschen Nationalbibliothek:

Die Deutsche Bibliothek verzeichnet diese Publikation in der Deutschen National-
bibliografie; detaillierte bibliografische Daten sind im Internet über http://dnb.d-
nb.de/ abrufbar.

Impressum:

Copyright © 2009 GRIN Verlag, Open Publishing GmbH
Druck und Bindung: Books on Demand GmbH, Norderstedt Germany
ISBN: 9783640477692

Sophie Peper

Das sokratische Gespräch - Mäeutik erklärt anhand des Menon-Dialogs

GRIN Verlag

Inhaltsverzeichnis

1 Einleitung

Diese Ausarbeitung wird im Rahmen des Seminars „Einführung in die Geschichte von Bildung und Erziehung" im SS09 geschrieben und baut auf dem dort gehaltenen Referat zum Themenbereich der Mäeutik Sokrates und dem Menon-Dialog auf.

Zu Beginn wird erst einmal der bekannte und einflussreiche Philosoph Sokrates vorgestellt. Dadurch soll ein guter Einstieg in das Thema dieser Arbeit gegeben werden und zusätzlich deutlich werden, in welcher Zeit Sokrates seine Dialogstechnik entwickelte. So zeigt sich dann, dass die Lehren Sokrates bereits seit ca.1560 Jahren um die Welt gehen und seitdem Einfluss auf die Denkweisen der Menschen nehmen bzw. die Wissenschaft der Philosophie im großen Maße prägen.

Eine seiner in der Philosophie bekanntesten Lehren ist die „sokratische Gesprächsführung", deren Gesprächstechnik die Mäeutik ist. Diese wird in Kapitel 3 anhand des von Platon überlieferten Menon-Dialogs erläutert. Im Vordergrund steht dabei, wie der Lehrer dem Lernenden Inhalte vermittelt und wie der Lernende zu neuem Wissen gelangt. Die Kernaspekte dieser Betrachtung werden dann noch einmal in einer Tabelle übersichtlich zusammengefasst.

Diese Tabelle dient als Orientierung und zum Vergleich zu der „sokratischen Methode" von Leonard Nelson. Nelson hat die Methode Sokrates soweit entwickelt, dass sie didaktisch begründbar in der Schule (hier für das Fach Mathematik) einsetzbar ist. Der wichtigste Aspekt der die ursprüngliche Version dafür eher ungeeignet macht, ist, dass diese für ein Zweiergespräch im Sinne dessen, dass der „mächtige" Lehrer dem „unwissenden" Schüler den Weg zu „Erkenntnis" zeigt, gedacht ist und in einer Klasse, sind heute bekanntlich meist über 24 Schüler.

Nachdem in Kapitel 4 die Grundgedanken Nelsons zu seiner sogenannten „neosokratischen Methode" aufgezeigt wurden, folgt das abschließende Fazit.

2 Überblick: Lebenslauf des Sokrates[1]

Abb. 1 Sokrates[2]

Sokrates wurde um das Jahr 469 v. Chr. im Demos Alopeke geboren. Sein Vater war ein angesehener Bildhauer. Seine Mutter führte den Beruf einer Hebamme aus. Besonders die Fähigkeit, des Hervorholens bzw. Gebären, seiner Mutter hatte es ihm angetan. Was sich vor allem in seiner Entwicklung der philosophischen Methode der Mäeutik („Hebammenkunst"), dem strukturierten Dialog, widererkennen lässt.

Diese sokratische Kunst der Gesprächsführung (vgl. Abschnitt 2.2) und ihre philosophischen Inhalte sind nur indirekt überliefert worden, da Sokrates selbst nichts Schriftliches hinterlassen hat. Mehrere seiner Schüler, der berühmteste unter ihnen war Platon, haben sokratische Dialoge verfasst und unterschiedliche Züge seiner Lehren betont.

Ca 449 v. Chr. in seinem 50. Lebensjahr heiratete er Xanthippe. Aus dieser Ehe kam ein Kind hervor. Es wird auch überliefert, dass Sokrates eine Beziehung zu einem Mädchen namens Myrtha gehabt habe, die von ihm noch zwei Jungen bekam.

Die unbeugsame Haltung des Sokrates in dem gegen ihn wegen angeblich schändlichen Einflusses auf die Jugend und wegen Missachtung der griechischen Götter geführten Prozess, hat zu seinem Nachruhm wesentlich beigetragen. Um 399 v. Chr. wurde Sokrates angeklagt und starb noch im selben Jahr. Das Todesurteil nahm er als gültiges Fehlurteil gelassen hin.

Sokrates war ein für das abendländische Denken grundlegender griechischer Philosoph, der in Athen lebte und wirkte.

3 Methode des „sokratischen Gesprächs" am Beispiel des Menon-Dialogs

Wie in der Einleitung erwähnt, hat Sokrates selbst keine Verschriftlichungen seiner Lehren hinterlassen, so dass alles was man heute über eben diese weiß, Überlieferungen seiner Anhänger und Schüler sind. Ein gutes Beispiel zur Darstellung der sokratischen Methode wurde von Platon verfasst. Es handelt sich dabei um den „Menon-Dialog". Sokrates will

---

[1] Die Eckdaten sind der Internetseite von Eßer, M./Hippert, F.:
http://www.hildegardis.bobi.net/Sokrates/seite/leben.htm (Zugriff: 15.08.09), entnommen.
[2] Wellmann, G.:
http://www.wellermanns.de/Gerhard/Gesellschaftslehre/griechen_roemer/material_griechen.htm (Zugriff: 16.08.09)

seinem Freund Menon durch ein Gespräch mit einem Sklaven zeigen, dass jeder Mensch lernen kann, wenn man die richtigen Fragen stellt. Man könnte sagen Sokrates will mit seiner Methode die Erkenntnis aus dem Schüler ohne Belehrung des Lehrers hervorholen. Den Sokrates ist der Meinung, dass es in dem Lernenden ein Wissen gibt, das verborgen ist und „erinnert" werden muss. Die Methode Sokrates ist die „Mäeutik" oder auch „Maieutik".

3.1 Menon-Dialog[3]

Ein weiterer für diese Arbeit wichtiger Aspekt des Menon-Dialogs, ist die didaktische Vermittlung von mathematischem Inhalt. Es geht um die Vermittlung der Berechnung von Flächen und am Rande um die Enddeckung des „Satz des Pythagoras". Dies kommt dieser Ausarbeitung insofern zu Gute, da sich im nächsten Kapitel damit befasst wird, ob und in welcher Form das „sokratische Gespräch" im Matheunterricht didaktisch einsetzbar wäre.

Der folgende Dialog beginnt an der Stelle, an der Menon einen seiner Sklaven, denen er keinerlei Fähigkeit zur Bildung zutraut, ruft und Sokrates mit diesem ins Gespräch einsteigt.

Menon ruft auf Geheiß von Sokrates einen seiner jungen Sklaven.

Sokrates: Sag, mein Junge, siehst du dieser viereckigen Fläche hier an, dass Sie ein Viereck ist?
Sklave: Ja
Sokrates: Es ist doch ein Viereck mit vier gleich langen Seiten- wie diesen hier?
Sklave: Ja
Sokrates: Sind nicht auch diese beiden Mittellinien hier gleich lang?
Sklave: Ja
Sokrates: Man könnte sich eine solche Figur doch auch größer oder aber kleiner denken?
Sklave: Freilich
Sokrates: Wenn nun diese Seite zwei Fuß lang wäre und diese hier auch zwei Fuß, wie viel Fuß betrüge das
10   Ganze? - Überlege es Dir so: Wenn die Strecke auf dieser Seite der Figur zwei Fuß lang wäre, auf jener aber nur ein Fuß, dann würde die Figur doch ein mal zwei Fuß enthalten, nicht wahr? Da es aber auch auf dieser Seite zwei Fuß sind, kommen da nicht zwei mal zwei Fuß heraus?
Sklave: So ist es.
Sokrates: Die Figur enthält also zwei mal zwei Fuß. Wie viel zwei mal zwei Fuß sind, das rechne nun aus und sage es mir!
Sklave: Vier, mein Sokrates.
Sokrates: Ließe sich nun ein zweites, doppelt so großes Viereck herstellen, und zwar von der gleichen Art, also mit gleichlangen Seiten wie bei diesem hier?
Sklave: Ja
20   Sokrates: Wie viel Fuß wird dieses Viereck dann enthalten?
Sklave: Acht
Sokrates: Gut, mein Junge! Nun versuch aber, mir zu sagen, wie lang jede Seite in diesem Viereck sein wird: Die Seitenlänge unseres Vierecks hier ist zwei Fuß. Wie lang wird die Seite des doppelt so großen Viereckes sein?
Sklave: Offenbar doppelt so lang mein Sokrates.
Sokrates: Siehst du, Menon, wie ich nichts lehre, sondern alles nur erfrage? Und jetzt glaubt er zu wissen wie groß die Seite ist, die das achtfüßige Quadrat ergeben soll. Oder scheint es dir nicht so zu sein?
Menon: Doch, gewiss.

---

[3] Der Dialog ist mit einzelnen Änderungen, in Form Weglassungen der Interseite: Adam, B.: http://www.informationstechnikadam.de/inft/themen/05sokrates.htm (Zugriff: 18.04.09), Karlsruhe, entnommen.

Sokrates: Aber weiß er es denn wirklich?

Menon: Natürlich nicht.

30 Sokrates: Lass dir nun also zeigen, Menon, wie er sich Schritt für Schritt besinnt, gemäß dem Wesen der Wiedererinnerung.

(zum Sklaven) Sag mir, mein Junge, nach deiner Behauptung soll doppelte Seitenlänge das doppelte Viereck ergeben? Ich meine das aber nicht so, dass es in dieser einen Richtung lang, in der Anderen aber kurz bleiben soll (Dicke Linie). Ich meine es so: Es soll wieder in allen Seiten gleich lang sein wie dieses Viereck hier, nun aber doppelt so groß, nämlich achtfüßig. Bist du noch immer der Ansicht, dass die Verdoppelung der Seitenlänge dieses Viereck ergeben wird?

Sklave: Ja, ich bleibe dabei

Sokrates: Erhält nun nicht diese Seite hier die doppelte Länge, wenn wir ihr eine gleich lange Strecke von diesem Punkt aus anfügen?

40 Sklave: Sicher

Sokrates: Diese verdoppelte Strecke also, so behauptest du, soll das achtfüßige Viereck ergeben, wenn man vier Seiten dieser Länge bildet?

Sklave: Ja

Sokrates: So lass uns mit dieser doppelt so langen Strecke ein Viereck mit lauter gleichen Seiten konstruieren. Dann muss dieses Viereck hier dasjenige sein, das du für ein achtfüßiges ausgibst?

Sklave: Allerdings

Sokrates: Sind aber nicht in ihm diese vier Quadrate enthalten, von denen jedes einzelne dem ersten, dem vierfüßigen, gleich ist? Wie groß also muss es sein? Doch viermal so groß.

Sklave: Ohne Zweifel.

50 Sokrates: Was nun viermal so groß ist, ist das dann das Doppelte?

Sklave: Niemals

Sokrates: Also, mein Junge: Die doppelte Seitenlinie ergibt nicht das doppelte, sondern das Vierfache Quadrat.

Sklave: Du hast recht.

Sokrates: Denn viermal vier ist sechzehn, nicht wahr?

Sklave: Richtig.

Sokrates: Welche Linie ergibt nun aber das achtfüßige Quadrat? Diese hier ergibt doch das Sechzehnfache?

Sklave: Ja

Sokrates: Gut. ist das gesuchte achtfüßige Quadrat nicht das Doppelte von diesem da und die Hälfte von
60 jenem?

Sklave: Ja.

Sokrates: Muss also die Seite dieses gesuchten Quadrates nicht größer sein als diese, dagegen kleiner als jene?

Sklave: Meiner Meinung nach, ja.

Sokrates: Schön; denn nichts anderes als deine Meinung sollst du in deiner Antwort zum Ausdruck bringen. Sag mir also: war diese Seite nicht zwei Fuß lang, jene aber vier Fuß lang?

Sklave: Ja

Sokrates: Es muss also doch die Seite des achtfüßigen Quadrates größer sein als diese zweifüßige Seite hier, aber kleiner als die vierfüßige Seite?

Sklave: So muss es sein.

70 Sokrates: Versuche also, mir zu sagen, wie lang sie deiner Meinung nach sein muss!

Sklave: Drei Fuß lang.

Sokrates: Wenn sie also drei Fuß lang sein soll, dann müssen wir doch die Hälfte dieser Seite anfügen, um sie dreifüßig zu machen? Diese Seite hier beträgt ja zwei Fuß, diese da einen Fuß. Ebenso verhält es sich an dieser Seite: Hier zwei Fuß, dort ein Fuß. Und so ergibt sich denn dies von dir gemeinte Viereck.

Sklave: Richtig.

Sokrates: Wenn es nun auf dieser Seite drei Fuß lang ist und auf jener auch, dann muss doch die gesamte Fläche dreimal drei Fuß groß sein, nicht wahr?

Sklave: Offenbar.

80 Sokrates: Drei mal drei macht aber wie viel Fuß?

Sklave: Neun.

Sokrates: Das Doppelte aber muss wie viel Fuß sein?

Sklave: Acht.

Sokrates: Also auch die dreifüßige Seite ergibt noch nicht das achtfüßige Quadrat

Sklave: Offensichtlich noch nicht.

Sokrates: Aber wie groß muss diese Seite denn sein? Versuch es uns genau anzugeben. Wenn du es nicht ausrechnen willst, dann zeig uns in der Figur die entsprechende Länge!

Sklave: Ich weiß es nicht.

[An dieser Stelle ist der Sklave am Ende. Nachdem er zunächst versucht hat, die Aufgabenstellung in seine
90 Denkstrukturen zu akkommodieren (Denkstrukturen anpassen) und so diese dann zu assimilieren (Neues in

Denkstrukturen integrieren), ist er im Zustand der lähmenden Unsicherheit. Nun wird ihm der bisherige Entwicklungsgang von Sokrates wiederholt aufgezeigt und wir gelangen zu folgendem Standpunkt:]

Sokrates: Damit hätten wir vier gleich große Quadrate
Sklave: Ja
Sokrates: Wie viel mal so groß ist die ganze Figur im Vergleich zu dem Quadrat, von dem wir ausgegangen sind?
Sklave: Viermal so groß.
Sokrates: Schön; aber es sollte nur doppelt so groß sein. Daran erinnerst du dich doch, nicht wahr?
100 Sklave: Ja, gewiss.
Sokrates: Sieh hier: Teilt nicht eine Linie, von einer Ecke zur gegenüberliegenden gezogen, jedes der Quadrate in je zwei gleiche Teile?
Sklave: Ja.
Sokrates: Auf diese Weise entstehen doch vier gleiche Linien, die nun dieses Quadrat hier bilden?
Sklave: So ist es.
Sokrates: Überlege also: Wie groß ist dieses Quadrat?
Sklave: Ich komme nicht darauf.
Sokrates: Sind nicht dies vier Quadrate und hat nicht jede Linie von jedem Quadrat die Hälfte ihnen
110 abgeschnitten?
Sklave: Ja .
Sokrates: Wie viele solcher Hälften (Dreiecke) sind nun in diesem Quadrat enthalten?
Sklave: Vier.
Sokrates: Wie viele aber in diesem da?
Sklave: Zwei
Sokrates: Die vier stehen also in welchem Verhältnis zu den zweien?
Sklave: Sie sind davon das Doppelte.
Sokrates: Wie viel Fuß groß ist nun dieses Quadrat da?
Sklave: Acht.
120 Sokrates: Mit welcher Quadratseite?
Sklave: Mit dieser hier.
Sokrates: Die Gelehrten nennen diese Linie „Diagonale".
Du, Sklave des Menon, behauptest also, dass die Diagonale die Seite des doppelt so großen Quadrates bilde?
Sklave: Ohne Zweifel, Sokrates.

3.2 Erläuterung

Das Beispiel wurde bewusst vor die Erläuterung der sokratischen Methode gesetzt, um einen Einblick in diese zu geben und Anmerkungen zum Text besser verstehen zu können. Es wird schnell deutlich, dass Sokrates durch gezielte Fragen versucht, den Lernenden (hier den Sklaven) auf den richtigen Weg zu lenken. Wie in der Einleitung schon angedeutet, geht es Sokrates darum „wahres" Wissen aus seinem Gegenüber, durch Anregung dessen eigenen Denkens, zu gebären bzw. hervorzuholen. Der Sklave weiß nach dem Gespräch, dass eine Verdopplung einer Quadratseite eine Vervierfachung der Fläche bedeutet. Aber ob er wirklich verstanden hat wie es zu der Diagonalen kam und welche Bedeutung diese hat, sei erst mal dahin gestellt.

Detlef Gaus (2010) beschreibt in seinem Buch „X"[4] zum Themenbereich „Lehren und Lernen" unter anderem was Sokrates und Platon unter eben diesem Gebiet verstanden und

---

[4] Da mir nur ein Ausschnitt des Buches vorliegt, ist der Titel mir unbekannt und hier gekennzeichnet durch „X".

erklärt somit auch die Funktionsweise der Mäeutik. Im Grunde geht es Sokrates darum, durch Verunsicherung des Gesprächspartners, hin zu Aporie, diesen auf eine höhere geistige Ebene zu führen. Auf dieser Ebene sollen sie dann durch induktives Vorgehen dazu angeregt werden Kategorien, im Sinne einer Begriffsbildung, zu bilden. Hier wird deutlich, dass somit für Sokrates nur Wissen als „wahres" Wissen anerkannt wird, wenn es begründbar, also auf definierte Begriffe zurückzuführen ist.[5]

3.2.1 Mäeutik

Sokrates Stellt fest: „Alle glauben über das GUTE und die TUGEND Bescheid zu wissen, in Wirklichkeit aber sind sie in einem SCHEINWISSEN befangen, das der strengen Prüfung durch den Logos (im Dialog) nicht standhält."[6]

Was steckt nun genau hinter dieser Methode bei der gezielte Fragen, dem Lernenden helfen zu neuen Erkenntnissen zu gelangen?

Mäeutik beruht auf der Annahme, dass die Wahrheit in der angeborenen Vernunft jedes Menschen bereit liegt und nur ans Licht geholt, „entbunden" werden muss. Der Kern des sokratischen Gespräches ist es, durch gezielte Fragen, die Beteiligten in den Dialog einzubeziehen, sodass sie selbst zur Erkenntnis gelangen

Der Prozess der Mäeutik kann in zwei Schritte unterteilt werden, die fest aufeinander aufbauen. Der erste Schritt wird als Elenktik (elenktisches Verfahren) bezeichnet. Damit ist die Kunst der Überprüfung des vermeintlichen Wissens des Gegenübers gemeint. Durch ständiges Nachfragen wird der Standpunkt des Gesprächspartners meist soweit erschüttert, dass dieser nur noch mit Ja oder Nein antworten kann. Der Lernende soll so auf die inhaltlichen Widersprüche seines „Wissens" aufmerksam gemacht werden. Die Elenktik führt also zur Erkenntnis des eigenen Nichtwissens und endet für den „Schüler" in der Aporie (absoluter Ratlosigkeit). Im oben aufgeführten Beispiel zeigt sich dieser Moment der Aporie, besonders im Abschnitt der Zeilen 73-88. Hier scheitert der Sklave auch mit seiner Idee, dass mit der Seitenlänge von drei Fuß, das von Sokrates gewollte Quadrat entstehe und sagt verzweifelt: „Ich weiß es nicht." Bei Gaus (2010) geht hervor, dass durch diese Hinführung zur Aporie, der Lernende, nachdem „er begreift, dass nicht der andere ein Problem mit seinen ihm selber so vertrauten Denkweisen hat, sondern vielmehr er selbst ein Problem mit seiner

---

[5] Gaus (2010), S. 311-312
[6] Busse, C. (2005): http://www.zum.de/Faecher/Eth/SA/stoff11/sokrates_methode.htm (Zugriff: 18.04.09)

eigenen der Wirklichkeit unangemessenen Deutung hat"[7], zur weiteren Erforschung nach „wahrem" Wissen motiviert wird. Wie aber in Kanakis (1997) dargelegt wird, ist genau dies das Kernproblem. Denn wie aus den Frühdialogen Platons hervorgeht, werden an dieser Stelle entweder neue Gesprächspartner dazu geholt oder die Gesprächspartner geben entmutigt auf. Dabei tröstet sich Sokrates damit, dass man zu einem späteren Zeitpunkt das Gespräch noch einmal weiterführen wird.[8] In unsrem Beispiel rettet Sokrates die Situation indem er noch einmal zusammenfasst, was sie bis Dato alles rausgefunden haben und einen neuen Input, die Diagonale (siehe Zeile 101) gibt, mit der der Sklave dann zur Akkommodation und Assimilation angeregt wird. Was dann folgt gehört zum nächsten Schritt der Protreptik. Die Protreptik wird als Kunst der Hinwendung bezeichnet. Gemeint ist damit, dass durch weitere Fragen und Zeigen von Möglichkeiten (hier Diagonale) der Lernende zu aktiven und selbstständigen Suchen nach wahrem Wissen geführt wird. Und so zu einer richtigen eigenen Meinung gelangen kann. Hier zeigt sich noch mal Sokrates' Ansatz, dass Wissen nur wirkliches Wissen ist, wenn die Person es aus sich heraus begründen kann (verstanden hat) und nicht einfach übernommen hat.

Lernen beginnt demnach Platon erst, wenn die Notwendigkeit zur Akkommodation, nach voriger Aporie, erfahren wird.[9]

Ein weiterer wichtiger Aspekt der sokratischen Methode ist das Zeigen, das Veranschaulichen. Dadurch soll dem Gesprächspartner auch auf der visuellen Ebene sein „Scheinwissen" verdeutlicht werden. Weiterhin hilft das Zeigen auch dabei, dass dieser dieses schneller erkennt und bei der Hinwendung zur Lösung.

3.2.2 Tabellarische Übersicht Lehren und Lernen nach Sokrates

Die folgende Tabelle soll einen Überblick über die entscheidenden Aspekte von Lehren und Lernen, durch das von Sokrates entwickelte „sokratische Gespräch" geben.

Lehren durch...	Lernen durch...
Stellen von (geschlossenen) Fragen	Erinnern
Richtungsweisung	Motivation
Zeigen	Akkommodation
Hinführung zur Aporie	Assimilation

---

[7] Gaus (2010), S. 313. Vgl. Prange (2006)
[8] Vgl. Gaus (2010), S. 313, vgl. nach Kanakis (1997), S. 234.
[9] Vgl. Gaus (2010), S. 312.

Forschen
Wichtig ist beiderseits die Bereitschaft sich auf Zweifel, Verwirrung, Überwindung bestehender Ansätze und das Ziel von wahrer Erkenntnis einzulassen.

Im nun folgenden Kapitel soll diese Methode Sokrates, in einer Weiterentwicklung von Leonard Nelson, die er 1922 veröffentlichte, auf den Mathematikunterricht bezogen werden.

4 Die „sokratische Methode" nach Nelson – fragend-entwickelnder Unterricht

Die Methode von Leonard Nelson, die er 1922 in einem Vortrag veröffentlichte, baut auf dem „Sokratischen Gespräch" von Sokrates auf, unterscheidet sich jedoch in wichtigen Punkten, was sie für den Einsatz in der Schule geeigneter macht. Diese Weiterentwicklung mit der heute bekannten Methode des „fragend-entwickelnder Unterricht" vergleichbar und wird auch die „neosokratische Methode" genannt.

Der augenscheinlichste Aspekt, der die Methoden verbindet bzw. vergleichbar macht, ist das sie auf gezielten Fragen der Lehrperson aufbauen. Aufgrund der Lehrerzentriertheit im Schulunterricht sind die häufigsten eingesetzten methodischen Grundformen der Frontalunterricht, der Lehrervortrag und das vielfach praktizierte fragend-entwickelnde Unterrichtsgespräch das von vielen Autoren, wie bereits angedeutet, dem sokratischen Gespräch gleichgesetzt wird.[10]

Der größte Unterschied zwischen der sokratischen und neosokratischen Methode liegt darin, dass Sokrates von seinem Gesprächspartner nur dessen Zustimmung zu seinen Äußerungen verlangt, wohingegen die Schüler bei Nelson selbst die Gedanken und Ideen vorzubringen haben. Der Lehrer ist dabei von der Sache selbst entbunden und hat nunmehr die Hauptaufgabe der Gesprächssteuerung.

4.1 Charakterisierung der sokratischen Methode nach Nelson

Was genau diese Form der sokratischen Methode ausmacht, beschreibt Hartmut Spiegel in einem Vortrag 1991 zur sokratischen Methode Nelsons. Kennzeichnet ist, dass die Methode praktiziert wird, wenn eine Gruppe gleichberechtigter Teilnehmer unter der Leitung eines Gesprächsleiters versucht, durch gemeinsames Nachdenken über ein Problem Einsichten zu

---

[10] Jank, W./Meyer, H. (1994), S. 339

gewinnen. Dabei müssen alle Teilnehmer auf die Einhaltung bestimmter Gesprächsregeln achten.

- Klare und kurz formulierte Sätze, um sich besser verständlich zu machen.
- Nicht vom Thema abschweifen, sondern konzentriert mitarbeiten.
- Jeder sollte die Möglichkeit haben auszureden und dass ihm zu gehört wird.
- Bei Unklarheiten nachfragen.
- Es sollte versucht werden auf einen gemeinsamen Konsens hinzuarbeiten.

Diese scheinen erst mal einfach Regeln zu sein, die in jedem vernünftigen Gespräch eingehalten werden sollten. "Sollten" schon, aber im Allgemeinen eben nicht werden. „Das ist wohl auch der Grund für einen bestimmten Satz in Gustav Heckmanns Charakterisierung der sokratischen Methode: "Sokratische Methode im weitesten Sinne wird praktiziert, wo und wann immer Menschen durch gemeinsames Erwägen von Gründen der Wahrheit in einer Frage näherzukommen suchen. Dieses Bestreben tritt vielfach hier und da in Gesprächen auf. Sokratisch würde ich ein Gespräch nennen, in dem durchgängig ein gemeinsames Erwägen von Gründen stattfindet."[11]

Der Gesprächsleiter hat die Aufgabe, der Gruppe bei ihrem Bemühen, ein sokratisches Gespräch zu führen, behilflich zu sein, er ist so etwas wie ein Moderator. Die wichtigste Regel, die er zu beachten hat, ist das „Gebot der Zurückhaltung". "Zu allererst muss er die Teilnehmer auf ihr eigenes Urteilsvermögen verweisen, indem er seine eigene Meinung über die erörterte Sache nicht zu erkennen gibt."[12] Diese Regel gehört zum Kernbestand der Methode, da sie zum Selbstdenken der Lernenden anregt. Dies schließt weiterhin, genau wie bei der „sokratischen Methode Sokrates, mit ein, dass die Schüler nicht in Form eines Vortrages belehrt werden. [13]

Im Menon-Dialog hält sich Sokrates rein formal auch an diese Forderung. Doch seine Fragen enthalten teilweise dennoch Urteile in Form von Belehrungen. Immer wieder lenkt Sokrates den Sklaven in die Richtung, die seiner Meinung nach richtig ist (vgl. z. B. Zeile: 34-36, 77-78 oder 101-102). Auch ist aus dem Zusammenhang erkennbar, ob Sokrates die Ideen seines Gegenübers akzeptiert oder nicht. So etwas kann beim sokratischen Gespräch nach Nelson schon deswegen nicht passieren, weil der Leiter grundsätzlich keine Fragen, in der Form wie Sokrates sie stellt (nicht geschlossen, sondern offen), formuliert. Seine Aufgabe ist es darauf

---

[11] Spiegel, H. (1991), S. 2, zitiert n. Heckmann, G. (1981), S. 7

[12] Spiegel, H. (1991), S. 2, zitiert n. Heckmann, G. (1981), S. 66
[13] Vgl. Spiegel, H. (1991), S. 2-3

zu achten, dass alle die oben genannten Regeln einhalten, keine Missverständnisse zustande kommen und alle Ideen Anklang finden und diskutiert werden.

4.2 Die sokratische Methode im Mathematikunterricht

Die sokratische Methode wurde von Nelson zur Unterrichtung von Philosophie eingesetzt. Sie lässt sich aber auf jede Wissenschaft anwenden und somit auch im Mathematikunterricht. Nelson nennt als ein Ziel jeder Wissenschaft und damit auch der Philosophie und Mathematik : "Urteile zu begründen durch Zurückführung auf allgemeinere Sätze".[14] Auch nach heutigem Verständnis ist dies eines der erstrebenswerten Ziele des Mathematikunterrichts, zu dem die Schüler befähigt werden sollen. Ebenso ist es ein Ziel der sokratischen Methode nach Sokrates (vgl. Abschnitt 2.2). Es geht also um die Problemlösung durch eigene Denkleistung. Es gibt also einige Gemeinsamkeiten betreffend der Anwendung der sokratischen Methode im Philosophie- und Mathematikunterricht.

Nach Spiegel (1991) ist das Fach Mathematik in besonderer Weise dafür geeignet Selbstvertrauen in die Kraft des eigenen Denkens bei Schülern zu erzeugen und zu stärken. Weiterhin werden die Schüler dazu angehalten ihre Annahmen kurz aber verständlich zu formulieren und zu begründen, sowie die der anderen zu überprüfen und nachzuvollziehen.[15] Nelson formulierte dazu: „Aussagen können selbständig gefunden und auch selbständig nur mit den Mitteln des Verstandes überprüft werden."; "Behauptungen in der Mathematik werden letzten Endes nur durch Nachdenken überprüft."[16] Dies sind ebenso allgemeine Ziele der „sokratischen Methode" und begründen somit die Anwendbarkeit dieser im Mathematikunterricht.

5   Fazit

Leonard Nelson hat ein Modell entworfen, das den mäeutischen Anspruch Sokrates erfüllt. Dabei enthob er dem Lehrer die belehrende Tätigkeit und wies ihm eine mäeutisch-steuernde Funktionen zu (die Mentorrolle). Die Entwicklung, Untersuchung und Lösung einer Frage wird inhaltlich ganz den Teilnehmern überlassen. Die Schüler sollen ihr eigenes Urteil bilden, Zustimmung, Ablehnung und Zweifel artikulieren. Der Lehrer muss jedoch in dem Thema gut bewandert sein, um ein solches Gespräch konstruktiv leiten zu können. In der aktuellen

---

[14] Spiegel, H. (1991), S. 5
[15] Vgl. Spiegel, H. (1991), S. 8
[16] Spiegel, H. (1991), S. 8, zitiert n. Winter, H. (1972)

Literatur zur Mathematikdidaktik findet man jedoch kaum bis keine Erwähnungen der „sokratischen Methode", sei es zu der von Sokrates noch zu der von Nelson. Sie fällt also entweder im Vergleich zur deutlich bekannteren fragend-entwickelten-Methode als solche sowie dem Frontalunterricht weitestgehend weg oder findet für die Eignung der inhaltlichen Umsetzung in der Schule zu wenig Anerkennung.

6 Literaturverzeichnis

Adam, B.: http://www.informationstechnikadam.de/inft/themen/05sokrates.htm (Zugriff: 18.04.09), Karlsruhe.

Busse, C. (2005): http://www.zum.de/Faecher/Eth/SA/stoff11/sokrates_methode.htm (Zugriff: 18.04.09)

Eßer, M./ Hippert, F.: http://www.hildegardis.bobi.net/Sokrates/seite/leben.htm (Zugriff: 15.08.09).

Gaus, D. (2010): „X". (Lüneburg).

Gerling, B./Hoefermann, A./Schöming, O./Schünemann, A. (1996): „Das Unterrichtsgespräch: fragend-entwickelnd oder neosokratisch?" Seminar: Probleme des Unterrichts an Wirtschaftsschulen (Unterricht II) im SS 1996. Uni-Linz.

Heckmann, G. (1981): „Das sokratische Gespräch. Erfahrungen in philosophischen Hochschulseminaren". Hannover, Schroedel.

Jank, W./Meyer, H. (1994): „Didaktische Modelle.3". Korrigierte und aktualisierte Auflage. Frankfurt a. M.: Cornelsen Scriptor.

Spiegel, H. (1991): „Die sokratische Methode beim Mathematikunterricht". Vortragsmanuskript für einen Vortrag in Karlsruhe am 05.06.1991.

Winter,H. (1972): „Vorstellungen zur Entwicklung von Curricula für den Mathematikunterricht in der Gesamtschule". In: Beiträge zum Lernzielproblem, Ratingen.

Wellmann, G.: http://www.wellermanns.de/Gerhard/Gesellschaftslehre/griechen_roemer/material_griechen.htm (Zugriff: 16.08.09)

BEI GRIN MACHT SICH IHR
WISSEN BEZAHLT

- Wir veröffentlichen Ihre Hausarbeit,
  Bachelor- und Masterarbeit

- Ihr eigenes eBook und Buch -
  weltweit in allen wichtigen Shops

- Verdienen Sie an jedem Verkauf

Jetzt bei www.GRIN.com hochladen
und kostenlos publizieren